La Berta i les ulleres de visió empàtica

Júlia Prunés Massaguer

Segona Edició: març de 2013
Tercera Edició: octubre de 2022
Júlia Prunés Massaguer
Edita: OmniaBooks
Correcció lingüística: Jordi Comasòlives (estiligrafia.cat)

ISBN: 978-84-940555-2-2
Dipòsit legal: B-8641-2013
www.omniabooks.com

Text i fotografies: Júlia Prunés

L'empatia és possible quan hi ha **respecte.**

Hi ha tantes realitats com punts de vista, especialment quan parlem de conflictes i emocions. És per això, que cada conte té un il·lustrador o il·lustradora diferent i la Berta ens sorprèn a cada nova aventura.

Un bon matí, en sortir de casa per anar a l'escola, la Berta va trobar-se una capseta davant la porta. Era molt bonica, de fusta, i pintada de mil colors. La va posar dins la motxilla. Aquell dia tenia el temps just i no volia fer tard a l'escola!

ULLERES DE
SIÓ
EMPÀTICA

SEGUR AMB EMPATIA

Quan va arribar l'hora de sortir al pati, es va endur la capseta i va buscar un racó ben discret per obrir-la. A dins hi va trobar unes ulleres molt estranyes, unes ULLERES DE VISIÓ EMPÀTICA!
La mateixa capsa deia que qui se les posés podria veure-hi amb empatia, o sigui, que servien per veure com se sentien els altres.

La Berta es va posar molt i molt contenta.
—Oh, que bé que m'aniran aquestes ulleres!
I se les va posar de seguida!

Les va dur posades tot el matí, aquelles ulleres tan especials. Va descobrir que el seu millor amic, en Pau, estava preocupat. La Berta havia fet nous amics i això el feia patir, ja que el preocupava perdre la seva amistat. Per això, feia uns dies que s'enfadava quan la Berta no jugava amb ell. Estava convençuda que al Pau no li queien bé els seus nous amics, que n'estava gelós. Però amb les ulleres de visió empàtica ho va veure clar! Va posar-se en el lloc d'en Pau i el va entendre perfectament. Ella potser també estaria preocupada si fos a l'inrevés! De seguida en van parlar i van desfer aquell malentès.

Al migdia, quan va entrar a casa, el Quisso la va rebre de mala gana. Feia uns dies que s'havia fet mal a la poteta i des d'aleshores no podia córrer ni saltar ni tampoc jugar.

—Et veig molt trist, Quisso —va dir-li la Berta amb les ulleres de visió empàtica posades.

Després de parlar amb el gosset, la Berta es va adonar que des que s'havia fet mal se sentia molt sol i això el feia estar trist i de mal humor. La nena de seguida es va posar en el seu lloc i el va entendre perfectament. Per això, es va asseure al seu costat per fer-li companyia.

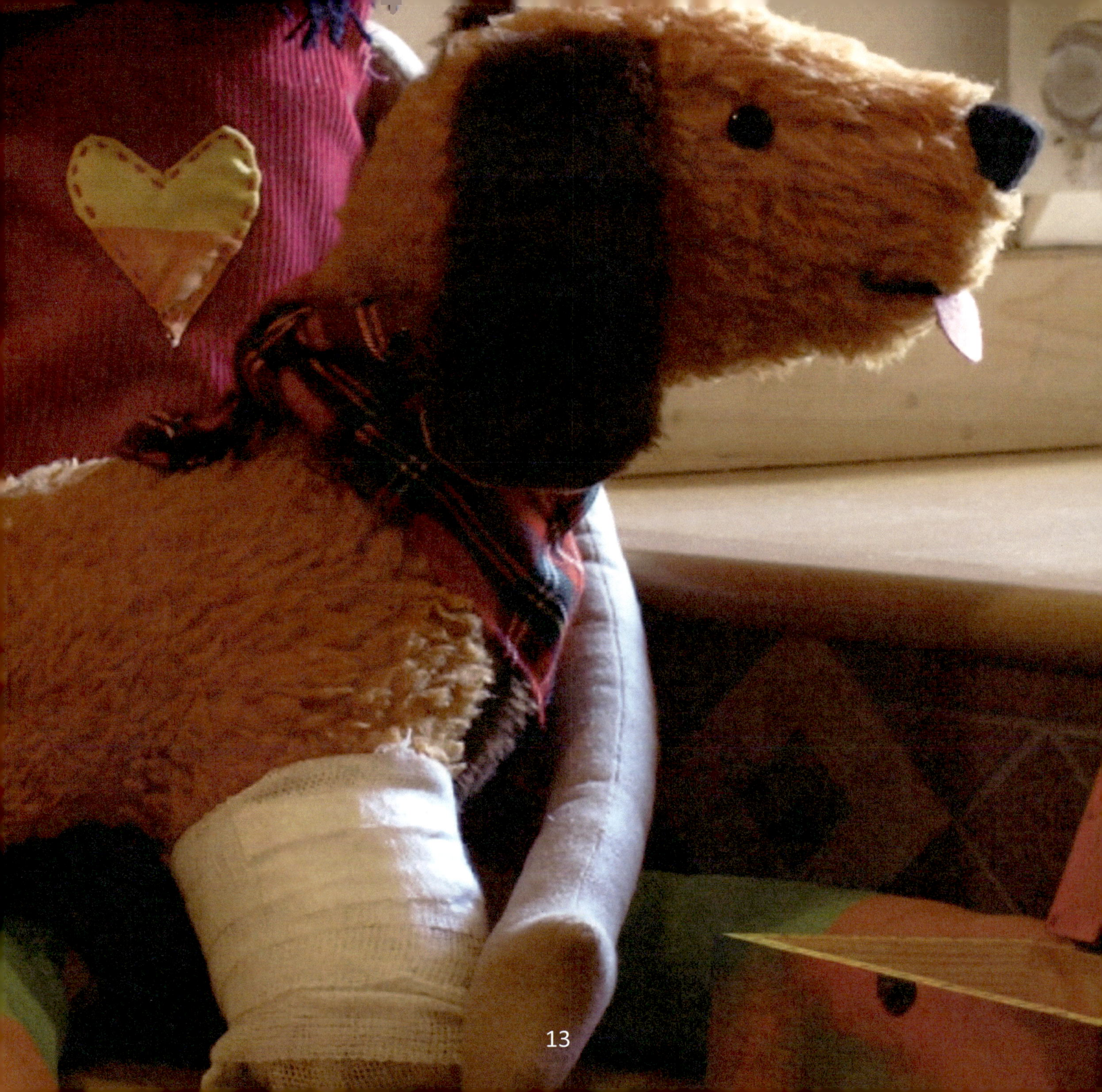

La Berta va deixar les noves ulleres a la resta d'animalons de la casa. Quan la Piula, en Tip i la Mixa se les van posar, també van entendre la tristesa del seu amic.

Des d'aquell dia tots li farien companyia
i buscarien jocs per distreure'l.
Que bé que es van sentir en saber que el
podien ajudar!

Aquella mateixa tarda la mare de la Berta va entrar a la seva habitació molt enfadada.

–Ja has vist com tens l'habitació, Berta? Quin desordre noia, ja està bé! Fes el favor d'endreçar-la ara mateix!

La Berta sabia per altres vegades que allò acabaria malament. Ella i la seva mare s'acabarien escridassant, i no ho volia de cap de les maneres. Va córrer a posar-se les ulleres per veure si la visió empàtica també funcionava en aquests casos.

De cop i volta, va adonar-se que la seva mare estava dolguda i també molt cansada.

–Mare, et veig dolguda –li va dir mirant-se-la amb les ulleres.

–Doncs sí, Berta, em dol molt haver de repetir sempre el mateix. És que quan veig el desordre de la teva habitació tinc la sensació que no respectes tot l'esforç que fem el teu pare i jo per tenir la casa ben endreçada. Entenc que per a tu no és tan important, però a mi em molesta molt trobar-m'ho tot pel mig. Voldria que ho tinguessis present i que procuressis mantenir-ho tot ben ordenat.

La Berta la va entendre de seguida, i es va posar en el seu lloc.

La mare ja no estava enfadada i era la primera vegada que les dues parlaven de l'ordre i el desordre d'aquella manera.

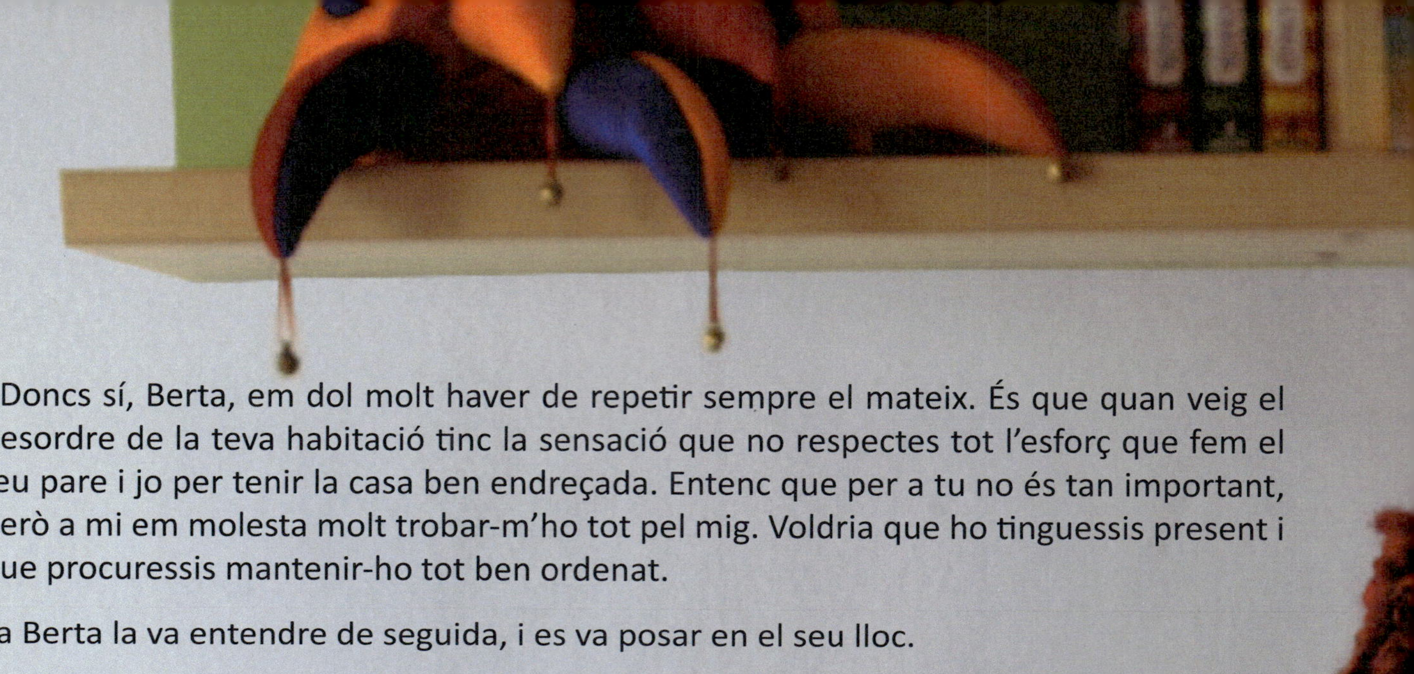

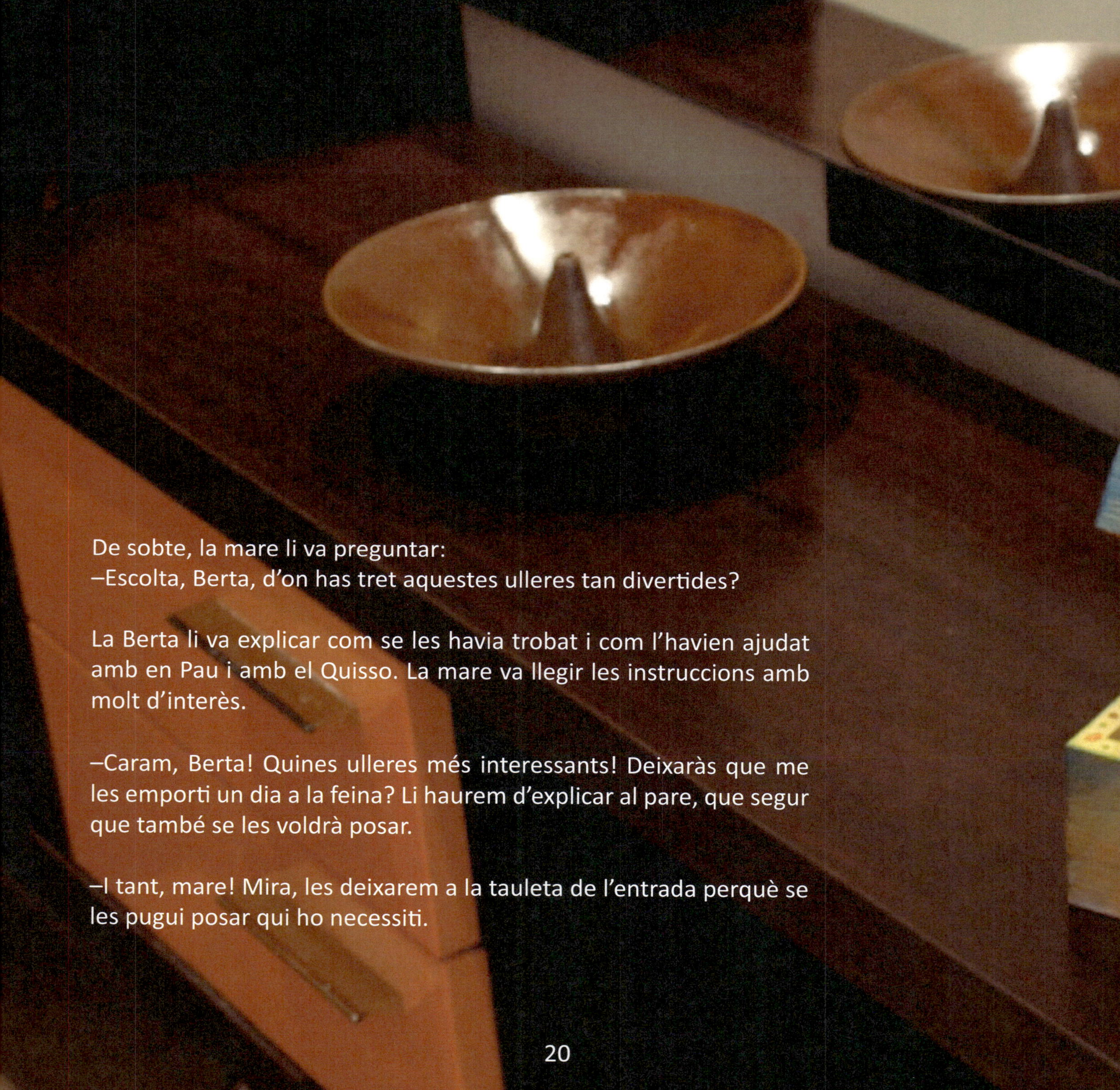

De sobte, la mare li va preguntar:
—Escolta, Berta, d'on has tret aquestes ulleres tan divertides?

La Berta li va explicar com se les havia trobat i com l'havien ajudat amb en Pau i amb el Quisso. La mare va llegir les instruccions amb molt d'interès.

—Caram, Berta! Quines ulleres més interessants! Deixaràs que me les emporti un dia a la feina? Li haurem d'explicar al pare, que segur que també se les voldrà posar.

—I tant, mare! Mira, les deixarem a la tauleta de l'entrada perquè se les pugui posar qui ho necessiti.

Des d'aquell dia, gràcies a les ulleres de visió empàtica, la família i les amigues i els amics de la Berta van començar a veure-hi diferent. Els conflictes es resolien molt millor veient-hi amb empatia.

Al cap d'un temps es van adonar que les ulleres ja no els feien falta, que havien après a veure-hi amb empatia sense dur-les posades.

Van tornar-les a la seva capseta de colors i van deixar-les a la porta d'una veïna, a qui, de ben segur, li farien molt més servei.

I d'aquesta manera, les ulleres de visió empàtica ja han donat algunes voltes pel món. Qui sap on paren ara!

Algunes propostes:

· La màgia de les **ulleres de visió empàtica** no es troba en els seus vidres, sinó en les ganes de qui se les posa de saber què li passa a l'altra persona i d'ajudar-la. Si algun dia arribessin a casa teva, en quins moments te les posaries? Voldries que se les posés algú altre perquè pogués entendre't o ajudar-te millor? Quan?

· L'empatia és la capacitat de connectar amb les emocions de les altres persones, comprendre-les i actuar pensant en el seu benestar. En un racó del nostre cervell hi tenim les neurones mirall, que ens ajuden a connectar. Tot i això, l'empatia s'ha d'aprendre i es pot entrenar.

· Els cinc passos del Programa **EMPÂTIK** t'hi poden ajudar:

Observar

Aprèn a identificar les emocions observant les altres persones. Fixa't en l'expressió del seu cos i de la seva cara, i també, busca pistes que t'ajudin a comprendre què les ha provocat.

Escoltar

És important que sàpigues escoltar. Practica l'escolta activa, que farà que les persones que et parlen se sentin escoltades, compreses i respectades.

Pensar

Tingues present que cadascú pensa i sent de maneres diferents. Respecta-ho i procura comprendre-les evitant que els prejudicis ho facin per tu.

Sentir

Cal que coneguis bé les emocions: com s'anomenen, quina funció tenen i com les podem regular. N'hi ha moltes, ho sé! Comença per les teves, i pas a pas, les aniràs descobrint totes.

Actuar

Hi ha moltes maneres d'acompanyar o d'ajudar. Pregunta, escolta, observa... i sobretot, actua. Tingues cura del benestar de les altres persones i també del teu.

En vols saber més?
Doncs escolta, canta i balla
la ***Rumba de l'empatia***!

Júlia Prunés Massaguer

Infermera especialitzada en educació emocional i en pediatria. Escriptora, conferenciant i formadora. Mare de tres nois.

Creadora del programa EMPÀTIK, d'entrenament de l'empatia, la Júlia fa tallers per a infants, adolescents i persones adultes amb el propòsit de millorar la convivència, les relacions socials i, sobretot, la seva salut i benestar.

La podeu trobar a **www.juliaprunes.cat**